PETITE PHILOSOPHIE DE LA PAIX INTÉRIEURE

Fine observatrice du petit monde des *beautiful people*, Catherine Rambert est rédactrice en chef d'un grand magazine de télévision.

CATHERINE RAMBERT

Petite philosophie
de la paix intérieure

365 pensées douces et sereines
pour aller vers le bonheur

ÉDITIONS 1

À mon père

Préface

Comment devenir plus sage et plus serein ?

Comment mieux discerner l'essentiel de l'accessoire, ce qui est important de ce qui est urgent ?

Comment apprendre à relativiser ce qui nous arrive de bien et de moins bien ?

Comment atteindre cette harmonie de vie dans un univers quotidien fait de bruit, de vitesse, d'agressivité, de pression... ?

Comment atteindre cette paix intérieure si précieuse pour nous aider à vivre mieux et à être plus heureux ?

Petite philosophie de la paix intérieure va vous guider sur les chemins de la quiétude et de la sérénité, ces qualités essentielles qui nous rendent plus forts et moins dépendants des aléas de l'existence. Chaque page, vous le verrez, offre une réflexion à méditer, un nouveau comportement à adopter, une question à se poser, une solution à envisager... On prend ainsi conscience qu'il suffit de quelques évolutions mentales minimes pour réussir peu à peu à changer de comportements ou d'attitude. Ce livre permet d'effectuer une « re-connexion avec soi-même », pour y trouver une forme de sagesse qui nous aidera à vivre mieux. À vivre plus apaisé.

Point de prosélytisme ou de recette miracle, au fil de ces pages. À chacun de puiser dans ces pensées, dans ces réflexions, ce dont il a besoin pour sa propre vie. À chacun de confectionner sa propre philosophie de l'existence pour s'efforcer d'aller à la rencontre de sa félicité. Car il n'y a pas une seule et unique méthode pour réussir sa vie, mais autant de *petites philosophies* qu'il y a de personnes désireuses d'y parvenir.

Inspiré des textes et des penseurs antiques (grecs, chinois...), cet ouvrage enseigne à rester soi-même, à se délivrer des faux-semblants, à affirmer avec calme et douceur ce que l'on est, ce que l'on pense, à ne pas chercher à paraître ou à feindre, mais à aller vers sa propre vérité et son propre épanouissement.

La paix et la sagesse ne sont pas des notions abstraites, des dispositions d'esprit réservées à des maîtres bouddhas ou Dieu sait quels gourous. Non, elles passent avant tout par le réapprentissage de la gaieté, de la légèreté et de l'insouciance, ces qualités qui font le bonheur de l'enfance et qu'il est toujours possible de retrouver.

Ainsi, s'efforcer d'être heureux sans raison apparente, se souvenir que bien peu de choses ou d'événements valent l'importance qu'on leur accorde, prendre conscience de l'extrême fragilité de la vie, des êtres qui nous entourent, des positions acquises, accepter sans amertume ni angoisse ce qui nous

arrive, de bien et de moins bien, apprendre à se res-
sourcer dans le calme, le silence... c'est aller vers sa
propre paix intérieure.

En s'obligeant à calmer le jeu, à lâcher prise... on
retrouve le goût de vivre en harmonie avec le monde
et à trouver une forme de paix intérieure. On
apprend aussi à se délester de ce qui nous encombre,
des désirs vains ou des ambitions dérisoires.

Pour une vie plus sereine, plus sage, et plus paisible.

Pensée du 1ᵉʳ jour
1ᵉʳ janvier

Pouvoir du jour

Nous avons chaque jour le pouvoir de créer le bonheur, en nous et autour de nous.

Pensée du 2ᵉ jour
2 janvier

L'art du bonheur

L'art du bonheur consiste à prendre conscience qu'à chaque instant de notre vie quelque chose de beau se réalise.

Pensée du 3ᵉ jour
3 janvier

Projection

Avec le temps, on devient ce que l'on pense et l'on attire ce que l'on attend.

Pensée du 4ᵉ jour
4 janvier

Le silence du bonheur

Le bonheur est un grand silencieux.
Dommage qu'on ne le reconnaisse trop souvent qu'au bruit qu'il fait en partant.

Pensée du 5e jour
5 janvier

Heureux ici

Nous pouvons trouver chaque jour une bonne rai-son d'être heureux là où nous sommes.

Pensée du 6ᵉ jour
6 janvier

Nouveau jour

Au cœur du malheur et de la tourmente se souvenir qu'aucune nuit n'est suffisamment sombre pour briser la promesse de l'aube.

Pensée du 7e jour
7 janvier

Pensée positive

Chasser de son vocabulaire des postulats négatifs tels que « je n'aime pas », « je ne veux pas », « je ne peux pas », « je n'en ai pas besoin », « ce n'est pas juste »...

Ils nous conditionnent vers une pensée négative et destructive.

Opter plutôt pour « j'aime », « je veux bien », « je vais essayer », « j'ai envie », « pourquoi pas »...

Et voir dans toutes les opportunités de l'existence autant d'occasions positives d'aller vers son épanouissement personnel.

Pensée du 8ᵉ jour
8 janvier

Ce qui va

Au lieu de toujours comptabiliser ce qui ne va pas, si nous changions notre vision du monde pour apprendre à compter ce qui va ?

Pensée du 9ᵉ jour
9 janvier

Temps perdu

Le temps passé à se plaindre, à regretter, à protester ou à ruminer est du temps perdu pour sa construction et son épanouissement personnels.

Pensée du 10ᵉ jour
10 janvier

Meilleur

Aller vers son destin, c'est être persuadé que les choix que nous faisons sont les meilleurs pour nous-même.

Pensée du 11e jour
11 janvier

Humeur

Se souvenir que le pessimisme n'est rien d'autre qu'une humeur,
alors que l'optimisme une affaire de volonté.

Pensée du 12ᵉ jour
12 janvier

Quiétude

Noter comme le bonheur et le calme font souvent
bon ménage.

Pensée du 13ᵉ jour
13 janvier

Je me pardonne

Il faut apprendre à se pardonner à soi-même.

Pensée du 14ᵉ jour
14 janvier

Un pas vers l'harmonie

Apprendre à regarder le monde et les autres, avec compassion, sans jugement et sans arrière-pensée, c'est faire un premier pas vers une vie plus harmonieuse.

Pensée du 15ᵉ jour
15 janvier

Cheminer vers le bonheur

Œuvrer pour le bonheur des autres peut nous aider à cheminer vers le nôtre.

Pensée du 16e jour
16 janvier

Bien ainsi

Le bonheur passe par la conscience de l'instant présent.

Pensée du 17ᵉ jour
17 janvier

Condition

Nous mettons tant de conditions à être heureux... est-ce bien raisonnable ?

Pensée du 18ᵉ jour
18 janvier

Divin !

L'amour est forcément divin.
La preuve, il accomplit des miracles.

Pensée du 19e jour
19 janvier

Richesse

La plus grande richesse de la vie est d'avoir un tempérament optimiste et positif.

Pensée du 20e jour
20 janvier

Bien ou mal

C'est une des merveilles de l'existence que d'avoir chaque jour entre ses mains le pouvoir de faire le bien ou le mal.

À nous de décider.

Pensée du 21e jour
21 janvier

À sa place

Être en état de grâce, c'est tout simplement se sentir à sa place dans l'univers.

Pensée du 22ᵉ jour
22 janvier

Usure

À la longue, la mauvaise volonté, la mauvaise humeur viennent à bout de n'importe quel bonheur.

Pensée du 23ᵉ jour
23 janvier

Jour d'amour

Il ne suffit pas que le soleil se lève...
Encore faut-il transformer l'aube en un jour d'amour...

Pensée du 24e jour
24 janvier

Bonheurs minuscules

Dire bonjour, sourire, prendre son temps, flâner quelques minutes, humer un bouquet de fleurs, tenir la main d'un enfant, dire « je t'aime »... et fabriquer ainsi des bonheurs minuscules.

Mis bout à bout, ils conduisent au Bonheur.

Pensée du 25ᵉ jour
25 janvier

Comprendre les autres

Il suffit parfois de faire l'exercice mental de se mettre à la place de l'autre pour mieux le comprendre et l'aider à dénouer ses propres angoisses.

Pensée du 26ᵉ jour
26 janvier

Force intérieure

L'optimisme est cette énergie intérieure qui nous fait avancer quelles que soient les circonstances... et nous conduit vers le bonheur.

Pensée du 27ᵉ jour
27 janvier

Action

Que faisons-nous au quotidien pour rendre le monde autour de nous plus paisible et plus juste ?

Pensée du 28ᵉ jour
28 janvier

Pas important

Il suffit parfois de décider qu'une chose n'a pas d'importance pour qu'elle en perde comme par enchantement.

Pensée du 29e jour
29 janvier

Laver son miroir

Il est facile de critiquer les autres. Mais il suffit parfois de laver son miroir pour être témoin de sa propre folie.

Pensée du 30ᵉ jour
30 janvier

Assez ?

On n'est jamais trop bon ou trop généreux.
On l'est juste assez.
Et souvent moins que cela.

Pensée du 31ᵉ jour
31 janvier

Abécédaire

Imaginons l'abécédaire du bonheur...
A comme « amour »,
B comme « bonheur »,
C comme « calme »,
D comme « don »...

Pensée du 32ᵉ jour
1ᵉʳ février

Trompeuse parfois...

Il faut savoir rester vigilant et prudent, car la vérité n'est pas toujours l'apparence.

Pensée du 33ᵉ jour
2 février

Le progrès de chaque jour...

Se souvenir que si l'on ne s'efforce pas de progresser chaque jour, on recule un peu... chaque jour.

Pensée du 34ᵉ jour
3 février

L'empathie

Apprendre à faire preuve d'empathie à l'égard
d'autrui, notamment dans les relations sociales ou le
monde du travail, permet de faire preuve de plus de
compréhension, d'écoute, de confiance. Les relations
avec les autres deviennent ainsi plus harmonieuses et
apaisées.

Pensée du 35ᵉ jour
4 février

Bonté ?

Une bonté mesurée est une mesquinerie qui ne dit pas son nom.
Pour être heureux, il faut apprendre à donner sans arrière-pensée.

Pensée du 36ᵉ jour
5 février

Insouciant mais conscient

Ce n'est pas la légèreté et l'insouciance qui font le bonheur.

Mais la conscience que l'on peut être léger et insouciant malgré les contrariétés et les aléas négatifs de l'existence.

Pensée du 37ᵉ jour
6 février

Coopération

Ne voyons pas la contrainte comme une obligation
mais comme une coopération nécessaire.
Elle semble aussitôt plus légère.

Pensée du 38e jour
7 février

Défaite

La colère est toujours une défaite contre soi-même.

Pensée du 39ᵉ jour
8 février

Attendre... pourquoi ?

Nous pensons souvent à tort que le bonheur peut attendre.

Alors que nous devrions le traiter comme une urgence qui ne saurait souffrir de délais pour ne pas qu'il nous file entre les mains.

Pensée du 40ᵉ jour
9 février

Se concentrer

L'avenir est souvent plus inquiétant que le présent.
N'est-ce pas une bonne raison pour se concentrer sur la réussite de l'instant présent ?

Pensée du 41ᵉ jour
10 février

L'amour de soi

Ne plus attendre d'être parfait pour s'aimer soi-même.

L'amour de soi, c'est apprécier chaque jour le miracle de sa propre existence.

Si je m'aime, je peux commencer à aimer les autres.

Car on ne partage que ce que l'on a.

Pensée du 42ᵉ jour
11 février

Efforts

Le chemin de l'accomplissement personnel est pavé d'efforts.

C'est à cela qu'on le reconnaît.

Celui qui renonce en cours de route renonce à son propre épanouissement, et donc à lui-même.

Pensée du 43ᵉ jour
12 février

Au milieu du brouillard

La lumière intérieure est cette forme de conscience
qui nous aide à naviguer au milieu des difficultés,
lorsqu'on ne sait plus très bien où la vie nous mène.

Pensée du 44ᵉ jour
13 février

Patience dans l'azur

La patience vient à bout de toutes les difficultés.

Pensée du 45e jour
14 février

Recommencement

Chaque matin est une page blanche, un recommencement, une renaissance.

Noter les infinies perspectives qu'offre cette prise de conscience.

Pensée du 46ᵉ jour
15 février

Voix intérieure

Lorsqu'on se surprend à dire « je m'en doutais »,
c'est le signe que l'on n'a pas assez écouté sa conscience ou son cœur.

Ou sa petite voix intérieure.

Pensée du 47ᵉ jour
16 février

Le courage d'agir

L'homme courageux agit et cherche la cause.
Le lâche soupçonne, mais ne bouge pas.

Pensée du 48e jour
17 février

L'estime

Il ne faut pas vouloir être aimé à tout prix.

C'est un combat vain, plein de vanité.

Il faut juste essayer d'être soi, s'efforcer d'être juste, droit, honnête.

L'estime des autres n'est que le résultat de notre rectitude morale.

Pensée du 49e jour
18 février

Ce que dit le cœur

Le cœur est le subtil interprète de la pensée et de
la nature profonde.

Pensée du 50e jour
19 février

Posture

Lorsqu'on adopte une posture calme dans une situation de stress, on finit par prendre conscience de la force de sa sérénité.

Et ce qui n'était qu'une posture devient un état d'esprit.

Pensée du 51e jour
20 février

Dérisoires

On place trop souvent son orgueil dans des combats si dérisoires...

Pensée du 52ᵉ jour
21 février

Satisfaction

Si, intérieurement, nous ne sommes pas en pléni-
tude, éternel insatisfait exigeant toujours plus, comment imaginer être heureux ?

Il manquera toujours une pierre à l'édifice.

Le bonheur ne peut être soumis aux aléas maté-
riels.

Il doit être libre de tout désir.

Pensée du 53e jour
22 février

Jamais perdu

Le bonheur passe par la prise de conscience de notre potentiel intérieur.

Il est toujours temps de progresser, de se corriger, de s'enrichir...

Car rien n'est jamais perdu,
ni définitif.

Pensée du 54ᵉ jour
23 février

Attitude positive

Apprendre la tolérance, la patience,
s'abstenir de juger,
opter pour une attitude positive et ouverte en toutes circonstances
pour progresser vers une vie heureuse et harmonieuse.
C'est là une clé qui ouvre la voie au bonheur.

Pensée du 55ᵉ jour
24 février

Ceux que l'on aime

Ne jamais oublier que la personne que l'on aime doit toujours être celle que nous privilégions.

L'amour n'est pas une possession, mais une construction de chaque jour.

Pensée du 56ᵉ jour
25 février

Ramener le bonheur dans sa vie

Parfois, il suffit d'un geste,
d'un mot,
d'une ouverture d'esprit,
d'un sourire,
pour dénouer une situation tendue
et faire ainsi revenir le bonheur dans sa vie.

Pensée du 57e jour
26 février

Source

Le bonheur est un fleuve qui prend sa source dans notre esprit.

Pensée du 58e jour
27 février

Même si cela peut parfois être douloureux, un jour ou l'autre, il faut prendre une décision.
Rien, en ce monde, n'est sans inconvénient.

Pensée du 59ᵉ jour
28 février

Lassitude

Garder confiance, toujours... le malheur finit par se lasser, lui aussi.

Pensée du 60ᵉ jour
29 février

Le passé est passé

Inutile de ressasser le passé.
On ne peut plus rejouer les parties perdues.
Il faut juste se nourrir de leur enseignement,
et aller de l'avant.
L'optimisme d'aujourd'hui bâtit les victoires de
demain.

Pensée du 61e jour
1er mars

Horizons

Les frontières du possible sont comme l'horizon.
Plus nous avançons, plus elles reculent.

Pensée du 62e jour
2 mars

Choix

Nous vivons aujourd'hui nos choix d'hier.
Notre avenir dépend donc de nos décisions d'aujourd'hui.

Pensée du 63ᵉ jour
3 mars

Laisser vivre

Pour vivre heureux, laisse vivre...

Pensée du 64ᵉ jour
4 mars

Écouter...

La voix de la conscience est si faible qu'elle ne peut s'entendre que dans le calme et la quiétude.

Pensée du 65ᵉ jour
5 mars

La conscience du bonheur

Après une catastrophe, un drame, on redécouvre alors la simplicité du bonheur.

Ainsi peut-on dire que la conscience du bonheur naît parfois de celle du malheur.

Pensée du 66ᵉ jour
6 mars

Musique

Au volant, mettre de la musique douce. Cela contribuera à éviter ces pulsions d'agressivité qui guettent chaque conducteur, à tous moments.

Pensée du 67e jour
7 mars

« Voir » plus loin

Aller au-delà des apparences,
rechercher l'essentiel,
s'élever au-dessus des préoccupations matérielles
de la vie quotidienne,
entraîner son esprit à « voir » plus loin
pour comprendre le sens caché des choses,
et ressentir un sentiment de bonheur profond...

Pensée du 68ᵉ jour
8 mars

Clairvoyance

La pensée juste vient à un esprit calme et serein.
À l'inverse, la colère, le stress et la précipitation
altèrent et troublent notre jugement.

Pensée du 69e jour
9 mars

Limites...

Prendre conscience de ses limites, c'est apprendre à être indulgent avec soi-même.

Cela étant admis, nos chances d'être heureux se trouvent décuplées.

Pensée du 70e jour
10 mars

Cultiver son jardin

La nature a un effet apaisant.

S'entourer autant que possible de plantes, de fleurs, chez soi ou sur son lieu de travail.

Elles diminuent les radiations des appareils électriques, et ont un effet bénéfique sur l'atmosphère.

Bannir les bouquets flétris et les eaux croupies...

Veiller au bien-être des plantes, c'est œuvrer pour notre épanouissement, car ces dernières dégagent une énergie positive.

Les arroser, leur parler, s'en occuper, sont un antidote contre le stress.

Pensée du 71ᵉ jour
11 mars

Peau neuve

Une atmosphère confinée asphyxie l'esprit et tue
l'enthousiasme...
L'une des clés d'un bon moral consiste à faire le
tri dans la maison.
Vider les armoires,
se débarrasser des vêtements démodés,
trier les papiers inutiles,
jeter la vaisselle ébréchée,
Aérer...
Plus on se déleste de ce qui est vieux et laid, mieux
on se sent.
La nouveauté ne peut pénétrer dans des espaces
encombrés.
Le vide amène des vibrations positives et un nouveau bonheur s'installe peu à peu.

Pensée du 72ᵉ jour
12 mars

Simple

La vérité se trouve dans la simplicité.

Pensée du 73ᵉ jour
13 mars

Parler

La parole est une libération.

Garder des pensées sur le cœur renferme sur soi-même et provoque angoisse, amertume et mauvaise humeur.

Pensée du 74e jour
14 mars

Modeste

La vanité et l'autosatisfaction empêchent l'ouverture d'esprit et la prise de conscience.
Travailler chaque jour à davantage de modestie.

Pensée du 75ᵉ jour
15 mars

Maintenant

Les choses importantes ne doivent pas attendre, il faut les accomplir maintenant et, surtout, les réaliser nous-même.

Pensée du 76ᵉ jour
16 mars

Chance ?

La chance ne tombe pas du ciel. Elle est la somme de nos désirs et des moyens mis en œuvre pour les réaliser.

Pensée du 77ᵉ jour
17 mars

Chance, encore...

Les gens qui ont de la chance ont le sourire ?
Non, ce sont ceux qui sourient qui ont de la chance.

Pensée du 78e jour
18 mars

Illusion

L'argent, les maisons, les belles voitures, les possessions... ne sont que des illusions de bonheur.

Pensée du 79e jour
19 mars

En nous

Le bonheur que nous cherchons partout se trouve
en nous-même.

Pensée du 80ᵉ jour
20 mars

Préserver ses rêves

Ne laisser à personne le droit de détruire nos rêves.

PENSÉES
POUR LE PRINTEMPS

Conte du printemps

Tel le sage...

Le vent frémit dans les branches des arbres,
mais quand il est passé les arbres sont silencieux.
Les oiseaux volent au-dessus de l'eau claire et
froide,
mais lorsqu'ils sont passés l'eau ne garde pas leur
image.
L'orage remplit le ciel de son ombre, la terre de
son eau,
mais lorsqu'il est passé, le ciel n'en garde aucune
trace
et la terre s'en trouve vivifiée.
De même le sage n'occupe-t-il pas son esprit des
regrets du passé ou des appréhensions de l'avenir.
Il respire la nature, s'imprègne du moment présent
et évite ainsi toute tristesse et toute douleur.

Pensée du 81ᵉ jour
21 mars

Premier jour

En ce premier jour de printemps, se souvenir
qu'aujourd'hui est le premier jour du reste de ma vie.
Chaque matin est un recommencement...

Pensée du 82ᵉ jour
22 mars

Incidents de parcours

Les malheurs, les soucis, les problèmes de couple ou d'argent ne doivent être vus que comme des incidents de parcours dans notre quête du bonheur.

Car on finit toujours par en venir à bout.

Pensée du 83e jour
23 mars

Dominer ses pensées négatives

Identifier nos pensées négatives pour les canaliser au lieu de se laisser dominer par elles et voir la vie en noir.

Pensée du 84ᵉ jour
24 mars

Réflexion

Inutile de ruminer ses soucis.
Ressasser paralyse et inhibe alors qu'une saine réflexion permet d'agir.

Pensée du 85ᵉ jour
25 mars

Kaléidoscope

Les images de beauté nous aident à éprouver des émotions positives.

Observer le lever du soleil,
un arbre en fleur dans un jardin public,
le spectacle du coucher de soleil,
un ciel étoilé...

Ces bonheurs « minuscules » nous rendent plus heureux et contribuent à embellir notre perception du monde.

Pensée du 86e jour
26 mars

Maître de sa vie

Avoir le sentiment de maîtriser sa vie est une condition fondamentale pour augmenter la confiance en soi et se sentir heureux.

Pensée du 87ᵉ jour
27 mars

Ami

Apprendre à voir en chaque personne un ami potentiel au lieu de s'en méfier de prime abord.

Générer ainsi du bonheur, en tendant la main aux autres, et en les regardant avec bienveillance.

Pensée du 88ᵉ jour
28 mars

En amitié

Pour ressentir une forme de bonheur, il faut savoir vivre en amitié avec soi-même. Cela veut dire s'aimer, se respecter, soigner son corps et savoir trouver un juste équilibre entre une saine exigence et une indispensable tolérance envers soi.

Pensée du 89e jour
29 mars

Volonté

Le bonheur n'est pas un hasard.
C'est une volonté.
Un choix délibéré d'être plus heureux.
Toujours...

Pensée du 90ᵉ jour
30 mars

L'art du bonheur

Le bonheur est très souvent un art de vivre.
Il suffit d'observer ceux qui semblent heureux.
Ils n'ont pas moins de soucis que nous,
mais ils savent les relativiser.

Pensée du 91ᵉ jour
31 mars

Début de patience...

Éviter autant que possible de perdre patience.
En certaines circonstances, cela paraît difficile,
mais cette prise de conscience est déjà de la patience.

Pensée du 92e jour
1er avril

Destination

Que l'on aille à pied, à vélo, en voiture, en train, en avion... le bonheur doit toujours être notre destination.

Pensée du 93ᵉ jour
2 avril

Alliés

La confiance en soi et l'optimisme sont les plus puissants alliés du bonheur.

Pensée du 94e jour
3 avril

Sage...

L'optimiste regarde l'avenir.
Le pessimiste le passé.
Le sage se concentre sur le présent.

Pensée du 95ᵉ jour
4 avril

Mission

La quête du bonheur est la grande mission de
notre vie.

Ne jamais oublier que chacun de nos actes, chacune de nos décisions doivent avant tout contribuer
à nous rendre plus heureux.

Pensée du 96ᵉ jour
5 avril

Prendre conscience

Si l'on savait se dire à chaque moment agréable et léger de notre vie : « Mon Dieu, je suis heureux ! » ou « Quel bonheur ! », eh bien nous le serions davantage encore.

Pensée du 97ᵉ jour
6 avril

Stoïcisme...

Si l'on considère le bonheur comme une absence de malheur, chaque petite chose insignifiante est un pas vers la sagesse.

Pensée du 98ᵉ jour
7 avril

Exercice

L'exercice physique, outre qu'il contribue à notre bien-être, est un excellent déstressant.

C'est un facteur de calme qui permet de mieux s'adapter aux situations difficiles.

Pensée du 99ᵉ jour
8 avril

Saines occupations

S'occuper, avec une activité professionnelle, personnelle, comme le bricolage, le jardinage, ou associative, rend heureux.

Nos pensées deviennent ainsi plus constructives, plus positives, portées par un sentiment de satisfaction.

Ne pas faire l'erreur de se reposer lorsqu'on ne va pas bien.

Quand le cerveau est en manque d'occupation, les soucis reprennent le dessus.

Et l'on se surprend vite à broyer du noir.

Pensée du 100ᵉ jour
9 avril

S'ouvrir au monde

Consacrer du temps aux autres est un excellent moyen de chasser ses angoisses et de se libérer d'une déprime passagère.

Noter comme les gens qui se plaignent sont souvent ceux qui vivent repliés sur eux-mêmes et qui sont en manque d'ouverture sur le monde.

En prendre conscience et éviter les soliloques, absolument.

Pensée du 101e jour
10 avril

Le bonheur abstrait

Le bonheur, c'est posséder ces choses immatérielles (l'amour, l'amitié, la spiritualité...) que tout l'or du monde ne pourra jamais acheter.

Pensée du 102ᵉ jour
11 avril

S'isoler

Couper son portable, malgré les « urgences », et s'octroyer ainsi quelques heures de véritable détente.

Créer soi-même son propre espace de liberté et de bonheur en s'éloignant des contraintes du monde.

Pensée du 103ᵉ jour
12 avril

Perdre

L'amour, c'est prendre conscience que nous risquons toujours de perdre quelqu'un qu'on aime.

Est-on sûr de tout faire pour préserver et aimer celui ou celle qui nous est cher ?

Pensée du 104e jour
13 avril

La fin de l'amour

La fin d'un amour est certes triste,
mais ce n'est pas forcément le signe d'un échec.
Même lorsque c'est douloureux,
il faut accepter qu'un chapitre de notre histoire
personnelle s'achève.
Pour en débuter un nouveau...
qui, n'en doutons pas,
nous rendra plus heureux encore.

Pensée du 105ᵉ jour
14 avril

Chaque jour est une promesse

Demain ne sera pas comme hier.
Il en est indépendant.
Chaque matin est un recommencement.
Ainsi, réinventer aujourd'hui un nouveau bonheur
ne dépend que de nous.

Pensée du 106e jour
15 avril

Médicament

Il n'est de meilleur médicament que la pensée positive.

Pensée du 107ᵉ jour
16 avril

L'usage de la bonne humeur

La bonne humeur rend fort et optimiste.
Son usage ouvre toutes sortes d'opportunités.

Pensée du 108ᵉ jour
17 avril

L'opportunisme

Il n'y a pas de hasard.

Les gens qui ont réussi sont ceux qui ont confiance en eux et qui ont su voir dans chaque circonstance de la vie une opportunité et une chance pour leur épanouissement personnel et leur réussite.

Pensée du 109e jour
18 avril

Accomplissement

La discipline et la volonté conduisent de manière certaine à l'accomplissement de soi et au bonheur.

Pensée du 110e jour
19 avril

Diviser les problèmes

Lorsqu'on parvient à sourire d'une situation ennuyeuse ou d'un problème, son importance est divisée par deux.

Pensée du 111e jour
20 avril

Les bienfaits du rangement

Un univers désordonné entraîne la confusion de la pensée.
Pour être plus heureux, plus serein, plus calme...
Ranger !

Pensée du 112ᵉ jour
21 avril

Fugace

Cessons d'attendre de grandes circonstances.
Un moment de bonheur fugace dans une journée, c'est déjà le bonheur.

Pensée du 113e jour
22 avril

Qui ?

Qui est heureux ?
Celui qui le décide, bien souvent...
Qu'attendons-nous, alors ?

Pensée du 114e jour
23 avril

Proverbe

Méditer ce proverbe chinois : Mieux vaut chaumière où l'on rit que palais où l'on pleure.

Pensée du 115ᵉ jour
24 avril

Partager

Inutile de rester seul,
prostré, à ressasser ses contrariétés et ses angoisses.
Les partager avec des proches,
s'ouvrir, prendre conseil...
c'est déjà s'en défaire,
c'est aller vers davantage de sérénité.

Pensée du 116ᵉ jour
25 avril

Ce que l'on voudrait

Faire un pas vers le bonheur...
Il suffit de se contenter de ce que l'on a et d'oublier ce que l'on voudrait.

Pensée du 117ᵉ jour
26 avril

L'urgence

Notre temps ici-bas est compté.
La vie est fragile.
Les amis vont et viennent,
emportés dans le tourbillon de l'existence.

Nos proches ne seront pas toujours là.
Tout n'est que provisoire.

Il est urgent d'être heureux, maintenant.

Pensée du 118ᵉ jour
27 avril

Retrouvailles...

Inviter des amis, sa famille,
créer des espaces de retrouvailles, d'échanges, de
rire, de chaleur...
et de bonheur.

Pensée du 119ᵉ jour
28 avril

Victoire

Chaque moment de bonheur, de joie, de bien-être doit être vu comme une victoire sur la morosité ambiante.

Pensée du 120e jour
29 avril

Le talent de l'existence

C'est un réel talent de l'existence que de savoir reconnaître et apprécier les moments de bonheur les plus anodins.

Pensée du 121e jour
30 avril

Ralentir...

Prudence...
La suractivité est souvent la traduction d'une anxiété profonde.

Pensée du 122e jour
1er mai

L'invention du bonheur

En ce jour de repos,
se souvenir que le bonheur n'est pas à découvrir.
Il est à inventer.

Pensée du 123ᵉ jour
2 mai

Actes

Ce sont nos actes et non pas nos paroles qui disent ce que nous sommes.

Pensée du 124ᵉ jour
3 mai

Lendemains qui chantent

Les petits changements que nous opérons aujour-
d'hui en nous-même nous assurent des lendemains
meilleurs.

Pensée du 125e jour
4 mai

Passager

Une bonne raison de rester optimiste malgré les soucis, les contraintes... est de se souvenir que cela passe.

Pensée du 126e jour
5 mai

Gagner

Être positif, c'est envisager l'avenir avec la certitude de son succès.

Pensée du 127ᵉ jour
6 mai

Ce que l'on sème...

Si l'on n'accomplit que des actes ordinaires, il ne faut pas s'attendre à obtenir des résultats extraordinaires.

Pensée du 128ᵉ jour
7 mai

Force

Il n'est de plus grande force que celle de la pensée, qu'elle soit positive ou négative. Alors apprenons à l'utiliser, comme à nous en méfier.

Pensée du 129e jour
8 mai

Impasse

Les angoisses et les sentiments négatifs ne mènent nulle part.

Ce sont les efforts que l'on fait pour les chasser qui font avancer.

Pensée du 130ᵉ jour
9 mai

Il est temps

Il est temps de souffler,
il est temps d'y croire,
il est temps de sourire,
il est temps d'aimer,
il est temps d'être heureux,
enfin...

Pensée du 131e jour
10 mai

Le sourire de l'avenir

Rester calme et ouvert devant l'avenir.
Garder confiance.
Ainsi nous sourira-t-il.

Pensée du 132e jour
11 mai

La beauté de l'imperfection

Au lieu de courir après la perfection, apprenons à aimer et à accepter tout ce qui n'est pas parfait.

Pensée du 133e jour
12 mai

Se rencontrer

Le courage, c'est d'avoir la force de sortir des sentiers battus pour trouver sa propre voie.

Pensée du 134e jour
13 mai

La fête de la vie

Aux beaux jours,
quand la douce chaleur revient,
quand les arbres se parent à nouveau de verdure,
quand les enfants s'amusent dans un parc,
ou que l'on devise paisiblement avec un ami,
prendre conscience que la fête de la vie bat son
plein.
Et que tout cela est beau. Non ?

Pensée du 135ᵉ jour
14 mai

Fraîcheur

Tremper ses pieds dans un ruisseau, une rivière vive, dans la mer, procure toujours un sentiment de bien-être.

Noter comme la pensée s'éclaircit en même temps que les pieds se rafraîchissent...

Pensée du 136ᵉ jour
15 mai

Soi

La paix intérieure et le calme naissent de l'écoute
de soi.

Pensée du 137ᵉ jour
16 mai

La mélodie du bonheur

En ce matin de printemps,
si un oiseau vient fredonner sa mélodie,
sur le balcon ou le bord de la fenêtre,
imaginer que c'est le bonheur qui vient nous saluer.

Pensée du 138ᵉ jour
17 mai

L'épanouissement

Une vie épanouie est celle qui progresse sans regret
du passé,
heureuse du moment présent et confiante dans
l'avenir.

Pensée du 139ᵉ jour
18 mai

Mauvaise conscience

La mauvaise conscience est comme ce petit caillou au fond de la chaussure.

Il ne nous empêche pas de marcher, mais on le sent tout le temps.

Pensée du 140e jour
19 mai

Lièvre ou tortue ?

Comme dans la fable du lièvre et de la tortue, celui qui récolte les meilleures satisfactions de l'existence n'est pas le plus rapide mais le plus persévérant.

Pensée du 141ᵉ jour
20 mai

Possibles...

Étendre sans cesse le champ de ses possibilités en travaillant, en persévérant et en gardant confiance en soi.

Un beau matin, on se réveille tout surpris du chemin parcouru,

heureux et fier de soi.

Combien de personnes ont ainsi réalisé des rêves qu'ils pensaient hors de leur portée ?

Pensée du 142e jour
21 mai

Lâcher prise...

Nos désirs ne doivent pas être des obsessions brouillonnes,
mais des objectifs clairement définis et réalisables.

Pensée du 143ᵉ jour
22 mai

Moitié plein ou moitié vide

Comme on le dit d'un verre,
« il est à moitié plein ou à moitié vide »,
ce ne sont pas les situations qui importent
mais la façon de les percevoir.

Pensée du 144ᵉ jour
23 mai

Utile

On se sent heureux si l'on se sent utile.

Pensée du 145ᵉ jour
24 mai

Ne pas imposer sa vision du monde

Inutile de vouloir faire changer les gens « pour leur bien ».

En procédant ainsi, c'est notre vision du monde que l'on cherche à imposer.

Pour prétendre faire le bonheur de quelqu'un, il faut avant toute chose l'accepter tel qu'il est.

Pensée du 146e jour
25 mai

Avec le temps

Avec le temps, nous devenons ce que nous pensons.

Pensée du 147ᵉ jour
26 mai

Bain d'optimisme

Se répéter à soi-même : « Les jours les plus mer-
veilleux de ma vie sont devant moi », et préserver
ainsi un optimisme à toute épreuve.

Pensée du 148ᵉ jour
27 mai

Le début de la suite

Le moment présent est un commencement.

Pensée du 149ᵉ jour
28 mai

Résister au temps

On a l'âge de son humeur.
Sans doute est-ce pour cela que les gens gais
paraissent toujours jeunes, pleins d'entrain et opti-
mistes.

Pensée du 150e jour
29 mai

Pourquoi attendre ?

Beaucoup de personnes savent, au fond d'elles, ce qu'elles ont à faire pour être plus heureuses, plus épanouies, plus sereines...
Mais bien peu le font.

Pensée du 151e jour
30 mai

En soi

Tout commence à l'intérieur de soi, la paix comme la guerre.

Pensée du 152ᵉ jour
31 mai

Objectif

Avoir un objectif clairement défini vers lequel on
progresse chaque jour,
lentement peut-être,
mais sûrement,
apaise l'esprit et participe à la conscience de son
bonheur.

Pensée du 153ᵉ jour
1ᵉʳ juin

S'abandonner à la vie

Cessons de résister à la vie.
Jetons-nous dans ses bras, faisons-lui confiance...
Elle nous aime plus que nous l'imaginons.

Pensée du 154e jour
2 juin

Concession

Faire une concession, ce n'est pas perdre la face.
Tant pis si l'autre campe sur ses positions.
On n'est pas le plus faible quand on cède, mais le plus sage.

Pensée du 155e jour
3 juin

Paisibles...

Des pensées paisibles sont comme des vagues de douceur et de bien-être.

L'organisme se nourrit pour aller vers plus de sérénité.

Douceur (de vivre) rime souvent avec bonheur.

Pensée du 156ᵉ jour
4 juin

Liberté

La liberté est un bien précieux.

Dommage que nous en ayons si peu conscience et que nous sachions si peu l'utiliser.

Pensée du 157ᵉ jour
5 juin

Libre, toujours...

Nous pouvons tout, si nous le décidons.
Nous sommes libre d'agir et de nous libérer des contraintes.
Parfois, mieux vaut donner un grand coup de pied dans la fourmilière plutôt que de s'étioler en restant prisonnier de tout ce qui nous grignote l'âme.

Pensée du 158ᵉ jour
6 juin

Soleil intérieur

Devenir météorologue.
Imaginer qu'on met un soleil dans son cœur.
Le visualiser, et sentir sa chaleur nous irradier.

Pensée du 159e jour
7 juin

Les leçons de la vie

La leçon tirée d'un échec conduit tôt ou tard vers le succès.

Pensée du 160e jour
8 juin

Forme

Tout ce qui nous rend heureux est bon pour la santé.

Pensée du 161e jour
9 juin

Je crois en moi

Être positif, c'est avoir la force de croire en soi et de se persuader que l'on est à la hauteur de n'importe quelle situation.

Pensée du 162ᵉ jour
10 juin

L'apprentissage du bonheur

Nous sommes ici sur Terre pour apprendre, progresser et être heureux.

Se persuader de cela pour trouver la force de venir
à bout de n'importe quelle situation.

Pensée du 163ᵉ jour
11 juin

Récoltes

Un effort n'est jamais vain.
Car on en récolte tôt ou tard le fruit.

Pensée du 164e jour
12 juin

Finir un chapitre

La vie est comme un livre.

Il faut tourner les pages pour avancer, et parfois se résoudre à finir un chapitre que l'on a adoré.

Pensée du 165ᵉ jour
13 juin

Les yeux de l'âme

Ce ne sont pas nos yeux qui regardent le plus souvent, mais notre état d'esprit.

Pensée du 166ᵉ jour
14 juin

Agir, là, maintenant

Trêve de paroles et de désirs... de plans sur la comète.

Ce qui compte, c'est ce que nous faisons là, maintenant,

pour être plus heureux.

Pensée du 167ᵉ jour
15 juin

Croire...

Celui qui remporte la victoire n'est pas forcément
le plus fort.
C'est celui qui s'en croyait capable.

Pensée du 168e jour
16 juin

Ceux qui ne sont plus

Les absents portent sur nous un regard bien-
veillant.

S'ils devaient revenir quelques secondes sur Terre,
ils aimeraient nous voir heureux, et non affligé.

En leur mémoire, construisons notre bonheur.

C'est un bel hommage à leur rendre.

En les gardant dans notre cœur.

Pensée du 169e jour
17 juin

Les lunettes de la vie...

Le bonheur n'attend que d'être vu.
Changer de lunettes,
changer d'angle de vue,
de perspectives.
Persévérer,
regarder mieux,
il n'est pas loin, c'est sûr...

Pensée du 170ᵉ jour
18 juin

Victoire

Chaque mouvement d'humeur réprimé, chaque
colère contenue est une victoire sur soi-même
Un pas de plus vers la sérénité.

Pensée du 171e jour
19 juin

Pensée positive

Comme un muscle, la pensée positive se travaille, s'entretient et se développe.

Pour cela, il faut :

s'obliger à relativiser,

ne pas dramatiser,

envisager une solution au lieu de se lamenter,

être certain qu'on la trouvera,

se faire confiance...

et sourire en pensant que, demain, tout cela sera passé, et peut-être même oublié.

Pensée du 172ᵉ jour
20 juin

Changer

Tout le monde peut modifier le cours de sa vie
et être plus heureux en changeant d'attitude et de
comportement.

PENSÉES
POUR L'ÉTÉ

Conte de l'été

La légende du coucou

Il y a des siècles et des siècles de cela, un coucou, que son dos démangeait, ne parvenait point à calmer sa douleur. Il avait beau se tortiller, se tordre en tous sens, tenter d'atteindre l'insupportable démangeaison à coups de patte et à coups de bec, rien n'y faisait.

Il eut alors recours à sa fille, l'implorant de l'aider et de lui gratter son irrépressible envie.

Mais, contre toute attente, la demoiselle, en pleine adolescence, refusa de porter secours à son père. La pimprenelle se vengeait ainsi de ce que son géniteur critiquait trop souvent, à son goût, son petit copain, jeune coucou excentrique au plumage trop coloré et du plus mauvais goût.

Cette divergence de vues, pourtant anodine, paraissait à l'ingrate une raison suffisante pour ne pas voler au secours de son père. Ce dernier, que son dos démangeait de plus en plus furieusement, alla se frotter contre un rocher pointu. Hélas, il s'écorcha et se blessa tant que la plaie s'infecta jusqu'à l'entraîner dans la mort.

La jeune fille coucou éprouva un immense chagrin.

« J'ai refusé de rendre service à mon père pour une raison dérisoire, se lamentait-elle. Folle que j'ai été ! La prochaine fois, j'accepterai de gratter le dos de ceux qui me le demanderont. »

Hélas, pour son père, il n'y aurait plus jamais de prochaine fois.

Pensons toujours aux conséquences de nos actes, mêmes ceux qui peuvent paraître les plus anodins.

Le remords est une plaie ouverte. Il convient, dit le sage, d'assumer ses erreurs, de ne pas encombrer son esprit de vaines rancœurs, d'offrir réparation et de passer outre.

Ainsi vit-on heureux et serein.

Pensée du 173ᵉ jour
21 juin

Sourire d'été

À la nuit tombée, quand la lune prend une forme
délicate de croissant dans un ciel d'été étoilé,
incliner la tête,
et imaginer que l'univers nous sourit.
Saluer ainsi le début de l'été.

Pensée du 174e jour
22 juin

Réflexions

Le plus important, ce n'est pas où l'on va,
mais comment on y va,
et les moyens que l'on s'octroie
pour atteindre son but.

Pensée du 175ᵉ jour
23 juin

Charisme

Les personnes charismatiques sont ouvertes, sou-
riantes, chaleureuses, à l'écoute.
C'est pour cela qu'elles donnent aux autres l'envie
de leur ressembler.

Pensée du 176ᵉ jour
24 juin

Blessure

Une grande blessure peut nous aider à nous dépasser et à créer quelque chose de beau.

Pensée du 177e jour
25 juin

Devenir

Ce que l'on est ne dépend pas toujours de nous, mais ce que l'on devient, oui.

Pensée du 178e jour
26 juin

Cadeaux... épreuves...

La vie offre beaucoup de cadeaux et quelques grandes épreuves.

Pourquoi retenir systématiquement les pires et oublier les merveilles quotidiennes de l'existence ?

Pensée du 179e jour
27 juin

Grand...

Rien de grand ne s'accomplit sans volonté.

Pensée du 180ᵉ jour
28 juin

Miroir...

Les personnalités les plus remarquables,
et bien souvent les plus heureuses,
sont celles qui sont parvenues à se tendre un miroir
à elles-mêmes,
et à changer ainsi leurs comportements négatifs.

Pensée du 181ᵉ jour
29 juin

Présent = bonheur

Lorsqu'on pense au passé, on a des regrets.
Lorsqu'on songe à demain, on est anxieux.
Seul le présent est susceptible de nous apporter du bonheur.

Pensée du 182ᵉ jour
30 juin

Chance !

La vie est une chance : saisissons-la !

Pensée du 183ᵉ jour
1ᵉʳ juillet

L'optimiste rit pour oublier.
Le pessimiste oublie de rire.
Le premier est sage.
Le second est fou.

Pensée du 184ᵉ jour
2 juillet

Dominer ses pensées

On est tantôt prisonnier, tantôt maître de ses pensées.

Or le bonheur consiste à canaliser les errements de son esprit pour ne plus en être l'esclave.

Pensée du 185ᵉ jour
3 juillet

État d'esprit

Les possessions,
l'argent,
la reconnaissance n'y font rien.
Le bonheur est impossible à qui entretient des
pensées négatives.

Pensée du 186ᵉ jour
4 juillet

Eau vive

Tendre les mains,
et imaginer que le présent ruisselle entre nos doigts
comme une eau fraîche.

Pensée du 187ᵉ jour
5 juillet

Fête

Aujourd'hui n'est pas comme hier.
C'est un nouveau jour à inventer.
Les échecs sont passés,
l'avenir est riche de ses promesses,
le présent est une fête.
Le bonheur du jour ne dépend que de nous.

Pensée du 188ᵉ jour
6 juillet

Un pas de plus

Prendre de l'avance sur son travail,
courir cent mètres de plus au footing,
ranger une étagère supplémentaire...
Repoussons nos limites dans tous les domaines de la vie.

À chaque fois que l'on accomplit un pas de plus que prévu,
on est saisi d'un immense sentiment de satisfaction et de fierté personnelle.

Pensée du 189ᵉ jour
7 juillet

Ce que je veux

Concentrer son esprit sur ce que l'on veut,
et non sur ce que l'on ne veut pas.

Pensée du 190e jour
8 juillet

Vaines craintes

Rien ne semble impossible à qui ne craint pas les échecs.

Pensée du 191ᵉ jour
9 juillet

Étincelle

L'optimisme est cette lumière vive que l'on porte en soi et qui refuse de s'éteindre quelle que soit la force des vents du malheur.

Pensée du 192ᵉ jour
10 juillet

Enthousiasme

L'enthousiasme est une brise fraîche qui chasse les émotions négatives, purifie l'atmosphère et nous recharge d'énergies nouvelles.

Pensée du 193e jour
11 juillet

Illuminations

Un petit bonheur simple, si on sait l'apprécier, peut illuminer notre journée et la changer en fête.

Pensée du 194ᵉ jour
12 juillet

Cent pour cent

Comme au Loto, cent pour cent des gens qui ont
réussi ont tenté leur chance.

Pensée du 195ᵉ jour
13 juillet

Se réconcilier avec soi-même

Il ne peut y avoir d'existence sereine et apaisée si l'on ne s'est pas réconcilié avec soi-même.

Pensée du 196ᵉ jour
14 juillet

La route de la vie

Se souvenir que la route est aussi importante que le but.

Profiter du paysage,

car, si un obstacle imprévu survient et nous oblige à renoncer à notre dessein,

il restera le souvenir d'une jolie promenade.

Ainsi, la quête d'un objectif ne doit pas nous empêcher d'apprécier la vie au jour le jour.

Pensée du 197e jour
15 juillet

Changement

Après chaque erreur, opérer un changement en soi.
Même minime.
C'est la preuve que la leçon a été assimilée.

Pensée du 198ᵉ jour
16 juillet

Espoir

Même si elle paraît sombre, la nuit n'est jamais complète.

L'espoir de jours meilleurs n'est jamais loin.

Pensée du 199ᵉ jour
17 juillet

Croire en soi, toujours

Croire en soi,
en sa capacité à réussir,
à être heureux.
Croire que rien n'est impossible,
prendre conscience qu'il n'est aucune limite qui ne
puisse être repoussée.
Être heureux de ces perspectives...
et sentir ce qui se passe en nous...

Pensée du 200ᵉ jour
18 juillet

Vagues...

En ce matin d'été, prendre quelques minutes pour respirer lentement et profondément,
comparer le va-et-vient de l'air dans l'organisme au ressac des vagues sur le sable.
Entrer en soi-même pour que le corps et l'esprit deviennent un.
Rester concentré ainsi quelques minutes,
fermer les yeux,
rester encore...
Prendre conscience du calme qui nous envahit,
et du bonheur qui s'installe en nous.

Pensée du 201ᵉ jour
19 juillet

Émerveillé

Si nous prenions conscience de tout ce que nous sommes capable de faire,
nous serions émerveillé par tant de possibilités.

Pensée du 202ᵉ jour
20 juillet

Tous les jours

Il est plus important d'aimer tous les jours que de promettre d'aimer pour toujours.

Pensée du 203e jour
21 juillet

Aimer et être aimé

Se souvenir que le seul vrai bonheur de la vie,
le sens absolu de notre existence,
c'est aimer et être aimé.

Pensée du 204ᵉ jour
22 juillet

Ne plus se plaindre

Ne pas se laisser submerger par les sentiments
négatifs.
Le malheur se nourrit de lui-même.
Se plaindre prolonge la peine
alors que s'efforcer de voir les choses du bon côté
la réduit.

Pensée du 205ᵉ jour
23 juillet

L'estime de soi

L'estime de soi est indispensable à notre épanouissement personnel.

Accomplir chaque jour un geste dont on sera content, même minime,

car on ne peut espérer être bien avec les autres si l'on est mal avec soi-même.

C'est l'une des règles du bonheur.

Pensée du 206e jour
24 juillet

Trop d'exigence nuit

Sous couvert d'exigence, certaines personnes vivent en guerre avec elles-mêmes, et avec les autres.

La quête de la perfection devient ainsi un esclavage et un obstacle.

Que de temps perdu et que de gâchis !

Le bonheur est plus simple...

Il ne requiert que douceur et tolérance pour s'épanouir.

Pensée du 207ᵉ jour
25 juillet

Le monde qui nous entoure

Être tolérant et accepter la différence sont les plus sûrs moyens de vivre en harmonie avec le monde qui nous entoure.

Pensée du 208e jour
26 juillet

Pratique

La bonne humeur s'acquiert par la pratique.

Pensée du 209ᵉ jour
27 juillet

Positiver ce que l'on fait

L'épanouissement consiste à attribuer une valeur positive à tout ce que l'on accomplit.

Pensée du 210e jour
28 juillet

Moins vite, moins fort...

Parler moins vite,
moins fort,
maîtriser ses gestes,
respirer lentement,
détendre son visage...
et sentir peu à peu la sérénité nous envahir...

Pensée du 211e jour
29 juillet

Gentillesse

Les personnes altruistes sont souvent plus heureuses que celles qui comptent et mesurent leur générosité.

Pensée du 212ᵉ jour
30 juillet

Apaisement

Pour apaiser une personne stressée ou angoissée,
adopter un ton posé, des gestes lents et des paroles
douces pour lui parler.

Noter comme l'effet se fait instantanément sentir.

Pensée du 213ᵉ jour
31 juillet

Soleil d'été

Observer un coucher de soleil d'été.

Le regarder rougir puis décliner lentement vers l'horizon.

Contempler la couleur changeante du paysage.

Les teintes bigarrées du ciel.

Assister à la disparition progressive de l'astre dans le lointain.

Noter les derniers feux qui scintillent par-delà notre champ de vision.

Et noter comme l'on se sent serein,
envahi par la beauté de l'instant.

Pensée du 214ᵉ jour
1ᵉʳ août

Possibilités

Les pensées positives sont créatrices, stimulantes, constructives...

Elles irradient notre corps et notre esprit d'une énergie tonique.

Les pensées négatives sont tout l'inverse.

Elles nous atrophient et réduisent le champ de nos possibilités.

Pensée du 215e jour
2 août

Porte intérieure

Respirer lentement,
ouvrir sa porte intérieure,
et laisser le bonheur, le calme, la douceur pénétrer
en soi.

Pensée du 216e jour
3 août

La force de l'amour

L'amour vient à bout de la douleur et donne l'énergie de surmonter les problèmes.

Pensée du 217ᵉ jour
4 août

On n'a pas tort

Malgré ses erreurs, ses regrets, il est inutile de se punir.

Il faut apprendre à s'aimer dans toutes les expériences que l'on traverse.

Cesser de penser que l'on a tort.

On apprend, tout simplement.

Pensée du 218ᵉ jour
5 août

Au maximum

S'aimer soi-même permet de vivre au maximum de ses possibilités.

Pensée du 219ᵉ jour
6 août

Désirs

Méditer cette belle phrase de saint Augustin :
« Le bonheur, c'est de continuer à désirer ce que
l'on possède. »

Pensée du 220ᵉ jour
7 août

Aimer un jour d'été

Aimer, c'est comprendre enfin l'intensité du moment présent.

Pensée du 221ᵉ jour
8 août

Se réaliser chaque jour

Le bonheur naît aussi du sentiment de se réaliser au jour le jour.

Tenir son planning,

gérer ses priorités,

se délester des corvées

plutôt que de repousser le moment de s'y atteler...

Chaque mission accomplie,

quelle que soit son importance,

nous permet de faire un pas vers la sérénité et l'accomplissement de soi.

Pensée du 222e jour
9 août

Prendre conscience

De temps en temps, il faut savoir interrompre le
flot incessant de ses activités
et faire silence...
Pour penser au bonheur.

Pensée du 223e jour
10 août

Ici...

Le bonheur est là où nous sommes.
Toujours.

Pensée du 224e jour
11 août

Engrenage

À tout moment, il est possible d'interrompre un engrenage négatif : conflit, stress, problème d'argent ou de travail...

en changeant de désir ou de comportement.

Et cette démarche est moins difficile que nous l'imaginons.

Pensée du 225ᵉ jour
12 août

De peu...

Lorsqu'on analyse ce qui nous a contrarié durant la journée, on se rend compte qu'il aurait suffi de peu pour qu'il en soit différemment.

Parfois, un minuscule changement d'attitude de notre part évite bien des conflits, des stress et des désagréments...

Pensée du 226ᵉ jour
13 août

Gratification

L'amour est l'un des grands fondamentaux de notre vie :

en nous aimant, l'autre nous rassure et conforte notre spécificité.

Il nous confirme de la façon la plus gratifiante qui soit que l'on existe.

Pensée du 227ᵉ jour
14 août

Penser à soi

Une journée au cours de laquelle on n'a pas pris le temps de penser à soi ne peut pas être une journée complètement réussie.

Pensée du 228ᵉ jour
15 août

Entourage

On a l'entourage que l'on mérite.

Observer le nôtre.

Est-il composé de personnes gaies, enthousiastes, constructives ?

Éviter de se complaire avec des esprits défaitistes, aigris ou rancuniers.

La règle est simple.

Si l'on veut être heureux, mieux vaut préférer la compagnie de gens positifs.

Car l'optimisme est aussi contagieux que le pessimisme.

Pensée du 229ᵉ jour
16 août

Le bonheur des autres

Nous avons souvent tendance à envier le bonheur des autres.

Le paradoxe, c'est que les autres aussi jalousent le nôtre.

Cela prouve que nous ne sommes jamais aussi malheureux ou mal lotis que nous le pensons.

Cessons donc de nous plaindre.

Pensée du 230ᵉ jour
17 août

Le miracle de l'amour

L'amour...
s'entretient,
se nourrit,
se protège,
se préserve...
Faisons tout pour prolonger ce miracle : aimer et être aimé.

Qu'avons-nous fait pour enrichir notre univers d'amour aujourd'hui ?

Pensée du 231ᵉ jour
18 août

Misérable

Il n'est de véritable richesse que l'amour.
Sans lui nous sommes misérable.
Au soir de notre vie, nous réaliserons que c'est finalement la seule chose qui valait la peine d'être vécue.

Pensée du 232ᵉ jour
19 août

Affirmer sa différence

Ne pas craindre d'être original,
différent,
singulier...
Se souvenir que les grandes inventions, les progrès,
les découvertes ont, de tout temps, émané de personnalités audacieuses qui ont osé s'aventurer hors des
sentiers battus.

Pensée du 233ᵉ jour
20 août

Fuite...

Être débordé nous donne souvent l'impression d'« exister », de vivre intensément, alors qu'à bien y regarder c'est le signe d'un éparpillement de l'être.

Et parfois même une fuite.

Pensée du 234ᵉ jour
21 août

L'essentiel

Les drames, les maladies, les disparitions préma-
turées... nous rappellent régulièrement que le temps
nous est compté.

Et qu'il est urgent d'accomplir ce qui nous tient à
cœur.

Pensée du 235e jour
22 août

Miroir

Il est toujours utile d'écouter ce que pensent de nous nos ennemis.

Ils voient nos défauts mieux que nos amis.

Nous avons beaucoup à apprendre d'eux.

Pensée du 236ᵉ jour
23 août

Évacuer la tension

Une discussion, même animée, peut être salutaire pour évacuer la tension.

Un peu comme un orage qui allège et rafraîchit l'atmosphère.

Pensée du 237ᵉ jour
24 août

Secrets ?

Vivre dans le culte du secret est le signe d'un manque de confiance en soi, non dans les autres.

Pensée du 238ᵉ jour
25 août

Changer

Accepter de changer, ce n'est pas se renier.
C'est décider de progresser sur le chemin de son épanouissement personnel.

Pensée du 239e jour
26 août

La leçon d'une erreur

Une erreur n'est pas une erreur, mais une leçon.
De cet enseignement, il faut tirer profit pour ne
pas récidiver.

Pensée du 240e jour
27 août

Estime

On a généralement peu d'estime pour ce qui ne nous a pas coûté. Ainsi, notre bonheur sera d'autant plus savoureux que l'on se sera donné la peine de faire des efforts pour le conquérir.

Pensée du 241e jour
28 août

Maître

Pour garder ou recouvrer son calme, se répéter mentalement « je suis calme », « je reste zen », « mon pouls est calme », « je maîtrise »... tout en respirant lentement et profondément.

Ainsi apprend-on peu à peu à dominer ses emportements.

Pensée du 242e jour
29 août

Le bonheur retrouvé

Le bonheur retrouvé a la saveur du bonheur auquel s'ajoute la conscience de sa fragilité.
Il n'en a que plus de valeur.

Pensée du 243ᵉ jour
30 août

Sens

S'occuper des autres peut aider à redonner un sens à sa vie.

Pensée du 244e jour
31 août

Le miracle de l'amour

L'amour embellit le présent, rend précieux les souvenirs et douce l'attente.

Pensée du 245e jour
1er septembre

Sans regret

Le pire dans la vie n'est pas d'avoir échoué, mais de ne pas avoir essayé.

Pensée du 246e jour
2 septembre

Le courage de choisir

Il faut avoir le courage de changer ce qui ne va pas dans sa vie.

Prendre des décisions.

Aller contre soi-même si nécessaire.

Contre la facilité, les habitudes.

Écouter la voix de sa conscience.

Peser le pour et le contre.

Se souvenir que tout choix implique un renoncement, et que vivre, c'est choisir.

Puis lorsqu'on a bien réfléchi, marcher d'un pas sûr vers ce qui nous rendra plus heureux.

Pensée du 247ᵉ jour
3 septembre

Décision

Si ce que nous faisons ne nous rend pas heureux,
mieux vaut y renoncer !

Pensée du 248e jour
4 septembre

Autosuggestion

Dire une fois dans la journée en inspirant profondément : « Je suis bien. »
Et goûter le bien-être qui découle de cette affirmation.

Pensée du 249e jour
5 septembre

Le sens des épreuves

Même douloureuse,
l'épreuve est nécessaire à la connaissance de soi.

Pensée du 250e jour
6 septembre

Positif toujours

Pour vivre heureux, s'efforcer de chercher l'aspect positif en toute chose.

Pensée du 251ᵉ jour
7 septembre

L'altruisme

L'égoïsme enferme, étiole et dessèche l'âme.
L'altruisme, parce qu'il est un don de soi, épanouit
et ouvre toutes les portes...
à commencer par celles de la paix intérieure.

Pensée du 252ᵉ jour
8 septembre

Une âme d'enfant !

Noter comme on est heureux lorsque, au détour
d'une journée, on s'amuse à retomber en enfance :
s'offrir un paquet de sucreries,
faire une énorme bulle de chewing-gum,
acheter une glace et jouir du plaisir de la savourer,
jouer à un jeu vidéo,
construire une cabane,
faire une blague,
sauter à pieds joints dans une flaque d'eau,
rire aux éclats pour des bêtises...
C'est fou comme les jeux d'enfant nous redonnent
une âme pure !

Pensée du 253e jour
9 septembre

Pour soi...

Prendre le temps au moins une fois par jour de réaliser quelque chose que l'on aime vraiment : faire du sport, cuisiner, peindre, flâner une demi-heure, prendre un verre en terrasse, lire quelques pages d'un livre... qu'importe !

Savourer alors le bonheur immense que l'on ressent en se faisant plaisir...

Pensée du 254e jour
10 septembre

Relâchement

Relâcher le front,
desserrer les mâchoires,
esquisser un sourire,
étirer la nuque,
faire tourner ses épaules...
Quelques exercices du haut du corps et du visage
peuvent aider à se détendre lorsqu'on est sous pression.

Pensée du 255e jour
11 septembre

Importance ?

Pour ne pas qu'un tracas prenne une place déme-
surée dans son inconscient, se demander quelle
importance il aura dans un jour, une semaine, un
mois.

Cet exercice aide à relativiser, et à ne pas s'inquié-
ter plus que de raison.

Pensée du 256ᵉ jour
12 septembre

Clairvoyance

La pensée juste vient à un esprit calme et serein.
À l'inverse, la colère, le stress et la précipitation altèrent et troublent notre jugement.

Pensée du 257e jour
13 septembre

Tout est possible

Le pire est toujours possible.
Mais le meilleur aussi...
C'est cette certitude qu'il faut ancrer en soi.
Car la confiance est le plus haut rempart que l'on
puisse opposer aux angoisses et aux malheurs.

Pensée du 258e jour
14 septembre

Calmant

Un éclat de rire agit comme un puissant calmant.
Noter comme on se sent plus détendu et plus apte
à relativiser ses problèmes après une franche partie
de « rigolade ».

Pensée du 259e jour
15 septembre

Point de vue

Tout handicap peut se révéler un atout.
Un inconvénient, un avantage.
Il ne faut jamais désespérer.
La vie n'est qu'une affaire de vision et de point de vue.

Pensée du 260ᵉ jour
16 septembre

Bouger

Ne restons pas figé dans un monde qui bouge.
Évoluons avec lui.
Acceptons le changement avec le sourire.
Essayons de comprendre au lieu de nous raidir et
de décréter que « c'était mieux avant ».
De toute façon, nous n'avons pas le choix.

Pensée du 261ᵉ jour
17 septembre

Tolérance

La peur engendre la haine.

L'ouverture d'esprit et la tolérance résolvent bien des conflits et contribuent à créer la paix autour de soi.

Pensée du 262ᵉ jour
18 septembre

Au-delà des doutes

« Si tu avances, tu meurs.
Si tu recules, tu meurs.
Alors pourquoi reculer ? » dit un proverbe.
Et nous ? Qu'attendons-nous pour accomplir notre destin par-delà nos craintes et nos doutes ?

Pensée du 263ᵉ jour
19 septembre

Ce que nous sommes

Nous devenons ce que nous pensons.
Nous attirons ce que nous attendons.
Pensons positif et nous deviendrons positif.
Espérons le meilleur, il ne tardera pas à venir.

Pensée du 264ᵉ jour
20 septembre

Céder

Dans un conflit, apprendre à baisser les armes le premier et contribuer à recréer une atmosphère paisible.

Pourquoi s'empoisonner la vie plus longtemps, à chercher qui a tort ou raison ou qui a commencé ?

Il est urgent d'être heureux maintenant.

PENSÉES
POUR L'AUTOMNE

Conte de l'automne

Le jeune moine, les oiseaux et les poissons

Un matin, plus léger que les autres matins, un jeune moine bouddhiste, simplement vêtu de sa robe et de ses sandales, partit méditer au bord de la rivière. Il pensait trouver là le calme et la sérénité nécessaires à son recueillement. « Par cette belle journée, se disait-il en cheminant, pourquoi rester enfermé dans la triste salle du couvent ? »

Arrivé près du cours d'eau, le jeune homme cherchaun endroit où s'installer. Il choisit de s'asseoir sous le doux ombrage d'un saule, au milieu de quelques fleurs. Les jambes repliées en lotus, le torse droit, les yeux à demi fermés, il modéra peu à peu sa respiration et entama sa méditation.

Bientôt, il fut distrait par le pépiement des oiseaux et le frétillement des poissons dans l'eau claire. Peu à peu, ces bruits pourtant légers et fort naturels montèrent en lui jusqu'à devenir intolérables. Excédé, il décréta qu'il ne pouvait plus méditer dans ces conditions et décida de supprimer la cause de sa distraction. Mû par une colère qu'il ne savait point encore modérer, il se leva d'un bond et tua les oiseaux et les poissons. Puis, afin d'en être définitivement débarrassé et d'en éradiquer toute trace, il en fit son repas.

Après s'être restauré, il reprit sa posture et sa méditation. Mais à peine avait-il fermé les yeux et concentré sa pensée qu'il sentit son estomac gargouiller et ses tripes se nouer. Il avait trop mangé et le poids du repas sur l'estomac l'empêchait de méditer.

Ainsi, dit le sage, ce ne sont ni les oiseaux ni les poissons qui nous troublent, mais la façon dont nous les accueillons.

Pensée du 265ᵉ jour
21 septembre

Satisfaction

Si on aime
Et si on est aimé
On ne devrait rien vouloir de plus.

Pensée du 266ᵉ jour
22 septembre

Calculs

Le bonheur ne se divise pas quand on le partage.
Il se multiplie.

Pensée du 267e jour
23 septembre

Enseignements

Les chagrins, les échecs, les drames...
Chaque circonstance pénible de la vie nous oblige
à nous confronter à nous-même,
à chercher au fond de soi d'insoupçonnables res-
sources,
pour surmonter, progresser, continuer...

Pensée du 268e jour
24 septembre

Bienveillance

La bienveillance est une petite lumière intérieure qui irradie et demeure toujours allumée dans l'obscurité.

Pensée du 269e jour
25 septembre

Désir

Il ne suffit pas de formuler un désir,
Et de rester passif en espérant sa réalisation.
Il faut agir en conscience,
jour après jour,
avec constance et détermination,
pour progresser vers lui.
C'est ainsi que nos vœux se réalisent.

Pensée du 270ᵉ jour
26 septembre

Ne plus fabriquer son propre malheur

Lorsqu'on admet enfin que l'on est souvent l'artisan de ses propres malheurs, on peut, par cette simple prise de conscience,
espérer aller à la rencontre du bonheur.

Pensée du 271ᵉ jour
27 septembre

Bonheur à la mer

En ce début d'automne, écrire un message d'amour ou d'amitié.

Le glisser dans une bouteille.

Et la jeter à la mer.

Songer enfin au sourire de celui ou celle qui, un jour peut-être, découvrira ce signe de fraternité.

Pensée du 272ᵉ jour
28 septembre

Oser...

La force et la confiance naissent de l'effort.

Pensée du 273ᵉ jour
29 septembre

Énergie créatrice

La pensée positive n'évite pas le malheur,
elle permet de ne pas en avoir peur.

Pensée du 274ᵉ jour
30 septembre

La force du calme

Celui qui sait rester calme est non seulement maître de lui, mais aussi des autres.

Pensée du 275ᵉ jour
1ᵉʳ octobre

Écouter les autres

En écoutant les autres, dans sa vie personnelle comme dans sa vie professionnelle, on apprend à considérer les problèmes sous un angle différent.

Le progrès naît de l'échange.

Pensée du 276ᵉ jour
2 octobre

Identifier ses pensées négatives

Si l'on se sent fatigué, angoissé ou de mauvaise humeur le matin, c'est que l'on est sous le joug de ses pensées négatives.

Pensée du 277e jour
3 octobre

Changer

Si notre comportement ne change pas, il y a de fortes chances que nous reproduisions les mêmes erreurs et les mêmes situations d'échec.

Pensée du 278e jour
4 octobre

L'apaisement de la nature

La nature dégage une sensation d'apaisement et de sérénité.

Pour chasser son stress, ne pas hésiter à faire quelques pas dans la campagne, ou, si l'on est en ville, dans un jardin public.

Pensée du 279ᵉ jour
5 octobre

Éviter le désordre

Un espace rangé est propice au calme intérieur
alors qu'un lieu désordonné engendre le stress et un
sentiment d'insatisfaction.

Pensée du 280ᵉ jour
6 octobre

Résistons

La gaieté est un acte de résistance aux pressions extérieures.

Pensée du 281ᵉ jour
7 octobre

Léger et insouciant, parfois

De temps en temps, s'efforcer d'être aussi indolent et léger que cet oiseau qui plane dans les nuages immobiles.

Ou vif et gai comme ce poisson qui saute dans des eaux limpides.

Réapprendre ainsi l'insouciance...

Pensée du 282ᵉ jour
8 octobre

Victoire

L'homme patient est certain de gagner.

Pensée du 283e jour
9 octobre

Baisser la garde

La violence répond à la violence.
La haine à la haine.
Seuls la compassion, l'absence d'orgueil et le pardon lavent les affronts et ramènent la paix.

Pensée du 284ᵉ jour
10 octobre

Libre

Nous avons la liberté
de choisir,
d'aimer,
de changer de vie,
de l'améliorer,
de nous faire plaisir.
En un mot,
d'être plus heureux.
Qu'attendons-nous ?

Pensée du 285ᵉ jour
11 octobre

Parole

Lorsqu'on voit quelqu'un souffrir ou être en difficulté,
   ne pas hésiter à dire une parole douce,
   car un mot, un geste réchauffent le cœur pour si longtemps...

Pensée du 286ᵉ jour
12 octobre

Sans condition...

À force de remettre son bonheur à plus tard, de penser qu'il peut attendre, de poser nos conditions... nous passons à côté de lui.

Il est pourtant si simple de le regarder en face et d'en profiter là, maintenant.

Pensée du 287ᵉ jour
13 octobre

Atmosphères, atmosphères...

Les atmosphères sont contagieuses.
Si l'on vit dans le bruit et l'agitation, on a tendance à devenir irritable et agressif.
Un lieu calme génère sérénité, cordialité et modération.
Apprenons à créer des atmosphères douces autour de nous.

Pensée du 288ᵉ jour
14 octobre

Souvenir d'été

L'été semble si loin en ce milieu d'automne.

Pourquoi ne pas s'offrir un disque de chants d'oiseaux ou de cigales ?

L'écouter en fermant les yeux et se laisser envahir par la douceur de l'atmosphère de ces belles journées.

Pensée du 289ᵉ jour
15 octobre

Prolonger l'effort

Le courage consiste à prolonger l'effort,
même si la réussite semble encore loin.

Pensée du 290ᵉ jour
16 octobre

Au fur et à mesure

Pour vivre tranquille et serein, traiter les tracas du quotidien au fur et à mesure plutôt que s'encombrer l'esprit avec des soucis en suspens.

Pensée du 291ᵉ jour
17 octobre

Les vertus du rangement

Ranger ses placards, faire le tri dans ses papiers administratifs, procurent parfois une intense satisfaction et un sentiment d'apaisement.

En agissant ainsi, on désencombre son esprit.

Pensée du 292ᵉ jour
18 octobre

Du temps pour soi

Lorsqu'on planifie sa journée, penser à laisser au moins un espace de temps vierge pour soi.

Ou mieux : oser écrire sur son agenda *temps de repos, de rêve, de détente.*

Le temps consacré à se relaxer aide à prendre du recul.

Pensée du 293ᵉ jour
19 octobre

Calme dans la tempête

Dans un conflit, celui qui reste calme prend l'ascendant sur les autres et domine la situation, car il reste lucide quand l'autre se laisse emporter par sa colère.

Pensée du 294ᵉ jour
20 octobre

État d'esprit

Si malgré les tracas, les contretemps, les contraintes, on parvient à se convaincre que la situation est bonne, ou pas si mauvaise,

c'est que l'on chemine sur le chemin de la paix intérieure.

Pensée du 295ᵉ jour
21 octobre

Choisir le meilleur

Au moment de faire un choix important : changer de travail, mettre un terme à une relation, déménager, s'éloigner de ses proches...

se souvenir que chaque décision que l'on prend en son âme et conscience est la meilleure qui soit pour nous.

Pensée du 296ᵉ jour
22 octobre

Cheminement

Méditer cette sentence :
« Le bonheur n'est pas au bout du chemin. C'est le chemin qui est bonheur. »

Pensée du 297ᵉ jour
23 octobre

Perspective

Voir toujours les événements de notre existence dans leur ensemble et non dans leur unité.

Chaque circonstance doit ainsi être mise en perspective si nous voulons en comprendre le sens.

Car c'est toujours lorsqu'on s'en éloigne un peu que l'on peut apprécier la beauté d'un paysage.

Pensée du 298ᵉ jour
24 octobre

Rééquilibrer sa vie

Lorsque l'on opère un changement en soi, ou lorsque l'on fait un effort pour rééquilibrer sa vie, c'est non seulement nous, mais tout notre entourage qui bénéficie de notre nouvelle harmonie intérieure.

Pensée du 299e jour
25 octobre

Vérité

Le véritable courage passe par l'affirmation de soi et par l'audace de réaffirmer chaque jour sa propre vérité.

Pensée du 300ᵉ jour
26 octobre

Lucide

La juste appréciation des défauts et des qualités d'autrui est l'apanage des consciences épanouies et élevées.

Pensée du 301e jour
27 octobre

Espace de sérénité

Plus notre lieu de vie est encombré ou désordonné, plus il génère un sentiment de stress. Faire place nette, jeter, ranger...

pour recréer ainsi un espace de sérénité.

Pensée du 302ᵉ jour
28 octobre

Prendre du temps pour soi

Dans la journée,
un espace de temps consacré à soi
est un espace de bonheur.
On découvre ainsi que le bonheur se fabrique au
quotidien.

Pensée du 303ᵉ jour
29 octobre

Le bonheur, maintenant

Le bonheur de demain est hypothétique, aléatoire, soumis à tant de conditions...

Celui du moment présent est notre vraie possession,

une certitude.

Qu'attendons-nous pour profiter maintenant ?

Pensée du 304ᵉ jour
30 octobre

Envoyer des SMS

Profiter des SMS, ces petits messages écrits des portables, pour envoyer des mots d'amour à ceux qui nous sont chers.

Diffuser ainsi de petits bonheurs fugaces, et œuvrer ainsi à la félicité de chaque jour.

Pensée du 305ᵉ jour
31 octobre

Ceux qui ne sont plus

Malgré la tristesse et le chagrin, se souvenir que le plus grand hommage à rendre à ceux qui ne sont plus consiste à continuer à être heureux sans eux.

Auraient-ils souhaité autre chose ?

Pensée du 306ᵉ jour
1ᵉʳ novembre

Changer de chemin

Quand le chemin est trop difficile, vient un moment où il faut se dire que ce n'est peut-être pas le bon et accepter d'en changer.

Le renoncement est parfois une preuve de sagesse.

Pensée du 307ᵉ jour
2 novembre

Fuir le stress passif

Éteindre la télé, l'ordinateur, les jeux vidéo... générateurs de stress passif.

Mettre une musique douce ou des chants d'oiseaux.

Fermer les yeux et oublier quelques instants le fracas du monde.

Pensée du 308ᵉ jour
3 novembre

Flamme

Allumer une bougie,
baisser la lumière,
et créer une atmosphère plus douce autour de soi.

Pensée du 309e jour
4 novembre

Bonheur simple

Une tasse de café odorante, un frêle rayon de soleil qui résiste aux premiers frimas, un chat qui dort près du feu...

le bonheur est si simple, parfois.

Pensée du 310ᵉ jour
5 novembre

Règles de vie

La discipline et la rigueur forgent les plus grands caractères.
Et les plus grandes satisfactions aussi.

Pensée du 311ᵉ jour
6 novembre

La conscience de la paix intérieure

Être heureux ne suffit pas.

Il faut prendre conscience des moments de bien-être et d'harmonie de l'existence, et acquérir la certitude qu'il est possible de les renouveler à l'infini.

La paix intérieure est avant tout une prise de conscience.

Pensée du 312ᵉ jour
7 novembre

La force de nos pensées

Souvent, ce que nous imaginions difficile à réaliser
se révèle aisé.

Ainsi réalise-t-on que ce sont souvent nos pensées
qui créent la difficulté alors que la réalité, elle, est
souvent plus simple.

Pensée du 313ᵉ jour
8 novembre

Valeur

La proximité du malheur permet souvent de mieux
prendre conscience du bonheur.

Pensée du 314ᵉ jour
9 novembre

Insolent...

La liberté, c'est savoir résister aux pressions, aux contrariétés de l'existence, en leur opposant un sourire et une insolente gaieté.

Pensée du 315ᵉ jour
10 novembre

Riche de ce que l'on donne

Se souvenir que l'on est riche de ce que l'on donne.
Donner sans mesure pour recevoir plus encore.
La générosité fabrique du bonheur.

Pensée du 316ᵉ jour
11 novembre

Trouver du plaisir dans les plus petites tâches

Il est possible de prendre du plaisir à accomplir des tâches rébarbatives.

Il suffit de transformer la vision que l'on a d'elles.

Pensée du 317ᵉ jour
12 novembre

En forme le matin

Pour être en forme le matin, il suffit de le décider.
Se lever sans geindre.
Décider d'être content de son sort.
Apprécier ce que l'on a, sans regretter ce que l'on n'a pas.
Sourire.
Avoir confiance en ce jour nouveau...
Et noter comme l'on se sent en forme soudain.

Pensée du 318ᵉ jour
13 novembre

Renouveau

Aujourd'hui est un nouveau pas vers le reste de ma vie.

Comme chaque instant, d'ailleurs.

Tout reste à faire.

Le meilleur m'attend.

Les perspectives sont infinies...

Pensée du 319ᵉ jour
14 novembre

Apprendre à positiver

Chasser les émotions et les pensées négatives, car chaque pas accompli pour tenter d'être heureux est une victoire sur soi et sur la vie.

Pensée du 320e jour
15 novembre

Doux avec soi

Prendre soin de soi, surtout si l'on ne va pas bien.
Être doux avec soi-même, se ménager, se soigner, s'écouter, se faire masser...
On a trop souvent tendance à oublier son corps.
Or, en prendre soin, c'est aussi prendre soin de son âme.

Pensée du 321ᵉ jour
16 novembre

Se changer

Ce ne sont pas les autres qu'il faut vouloir faire évoluer à tout prix pour qu'ils adoptent notre vision du monde.

Mais soi-même.

Pensée du 322ᵉ jour
17 novembre

Revendications

Apprendre à se faire confiance,
à affirmer son talent,
son pouvoir,
sa capacité à se réaliser...
et ainsi dépasser ses limites.

Pensée du 323e jour
18 novembre

L'origine du bonheur

À l'origine de chaque grand fleuve, il y a toujours une source vive.

Il en va de même pour le bonheur.

Les petites satisfactions quotidiennes bâtissent peu à peu les grandes félicités.

Pensée du 324e jour
19 novembre

Page blanche

Imaginer que le bonheur est une page blanche que nous devons remplir.

Quels mots écririons-nous ?

J'aime.

J'ai confiance en moi.

Je domine mes peurs.

Je me respecte en même temps que je respecte les autres.

Je m'efforce de faire preuve de compassion.

Je donne un but à ma vie.

Je suis énergie et lumière...

Pensée du 325ᵉ jour
20 novembre

Régner sur sa vie

Être toujours l'acteur,
le créateur,
le héros,
et surtout
le maître de sa vie.

Pensée du 326ᵉ jour
21 novembre

Le cadeau de l'amour

Tout ce qui s'accomplit avec amour est toujours un cadeau.

Pensée du 327ᵉ jour
22 novembre

Ralentir le rythme

Le bonheur ne s'accommode pas d'une existence menée tambour battant.

Il requiert aussi des phases de calme, d'attention à soi et aux autres... indispensables à la prise de conscience.

Il est bon parfois de ralentir le rythme.

Pensée du 328ᵉ jour
23 novembre

Imagination

Cessons de passer notre vie à imaginer des catastrophes.

Vivons le moment présent et profitons de ces instants de paix.

Il sera bien temps de chercher des solutions quand les problèmes seront là.

Ne sacrifions pas les moments de bonheur à d'hypothétiques malheurs.

Pensée du 329ᵉ jour
24 novembre

Persévérance

Noter que, dans bien des cas, ce ne sont pas les plus rapides ou les plus forts qui remportent le combat et parviennent à dominer les difficultés.

Mais les plus persévérants et les plus audacieux.

Pensée du 330ᵉ jour
25 novembre

Optimisme

L'espoir et la confiance en soi forgent l'optimisme.

Pensée du 331ᵉ jour
26 novembre

Priorités

Le bonheur et l'épanouissement personnel passent aussi par la bonne gestion de nos priorités.

Ces dernières doivent être clairement identifiées et toujours préférées à tout autre occupation.

On évite ainsi d'avoir un jour le sentiment d'être passé à côté de sa vie.

Pensée du 332ᵉ jour
27 novembre

Où est ma faute ?

Ne pas s'en prendre aux autres ou au ciel pour justifier nos échecs.

Nous avons aussi une responsabilité dans ce qui nous arrive : excès de confiance, négligence, désinvolture, erreur de discernement...

Il faut chercher d'abord en soi l'origine de nos erreurs.

Pensée du 333ᵉ jour
28 novembre

Opportunité

Voir dans chaque échec une opportunité pour progresser.

Pensée du 334ᵉ jour
29 novembre

Justices

Aime et tu seras aimé.
Accueille et tu seras accueilli.
Écoute et tu seras écouté.
Donne et tu recevras au centuple...
Car la vie est ainsi.
Nous récoltons toujours ce que nous semons.
Alors essaimons du bonheur...
Il en restera toujours quelque chose.

Pensée du 335ᵉ jour
30 novembre

Changer d'attitude

Ce sont bien souvent nos attitudes plus que nos aptitudes qui déterminent nos réussites.

Pensée du 336ᵉ jour
1ᵉʳ décembre

Inventer l'avenir

Il est vain de consulter le ciel, de lire dans les cartes ou de s'en remettre à des voyantes pour tenter de voir l'avenir. Le vrai pari de la vie ne consiste pas à la deviner mais à tout mettre en œuvre pour la rendre possible.

Pensée du 337ᵉ jour
2 décembre

Le bonheur, sinon rien

Si ce que je fais aujourd'hui ne me rend pas plus heureux demain, à quoi sert alors de le faire ?

Mieux vaut inventer d'autres voies.

En chercher de nouvelles, c'est déjà marcher vers la paix intérieure.

Pensée du 338e jour
3 décembre

Chercher la solution

Les Chinois rappellent dans leurs sages préceptes
qu'il est plus utile d'allumer une chandelle que de se
plaindre de l'obscurité.

Pensée du 339ᵉ jour
4 décembre

Le pouvoir du calme

Le calme et la maîtrise de soi sont de puissants facteurs de domination.

Si peu de personnes savent rester sereines dans l'adversité...

Pensée du 340ᵉ jour
5 décembre

Émotions

Nos émotions, bonnes ou mauvaises, ne sont que les résultats de nos pensées.

Pensée du 341e jour
6 décembre

Vision

Ne regardons pas l'avenir avec les lunettes du passé.
On risquerait de ne pas voir le bonheur présent.

Pensée du 342ᵉ jour
7 décembre

La chance sourit aux persévérants

Pour avoir de la chance, il faut persévérer...
Car c'est là la grande justice de l'existence :
le travail et la rigueur sont toujours récompensés.

Pensée du 343ᵉ jour
8 décembre

Rincer

Le rire libère les âmes encombrées de peurs,
de doutes,
de chagrins,
de regrets.
Il nous aide à retrouver notre enfance.
Laissons-le tout emporter,
nous purifier,
nous laver.
Et puis rire,
se sentir frais,
léger,
et rincé,
comme l'atmosphère après l'orage.

Pensée du 344ᵉ jour
9 décembre

Actes

En fin de journée, se poser la question : « Mes actes d'aujourd'hui ont-ils été en harmonie avec ce que je souhaite faire de ma vie ? M'ont-ils rendu plus heureux ? »

Pensée du 345ᵉ jour
10 décembre

Énergies

Notre énergie positive est souvent prisonnière de notre énergie négative.

Opérer un travail mental pour que cela soit désormais l'inverse.

Pensée du 346ᵉ jour
11 décembre

Montagne

Le bonheur n'est jamais si loin et si difficile que
nous l'imaginons.

« Vue de la vallée, la montagne semble haute », dit
la sagesse chinoise.

Pensée du 347ᵉ jour
12 décembre

Regarder le monde avec amour

Il suffit de mettre de l'amour dans son regard pour voir le monde différemment et pour commencer à résoudre tous les conflits.

Pensée du 348e jour
13 décembre

Avec les autres

Éviter de nourrir des sentiments *a priori* négatifs à l'égard d'autrui.

Nous avons trop tendance à voir les inconnus comme des ennemis.

Les autres ne nous sont pas hostiles, contrairement à ce que nous pensons.

C'est nous qui leur en voulons d'être ce qu'ils sont.

Pensée du 349ᵉ jour
14 décembre

Les portes du succès

Les portes du succès s'ouvrent à ceux qui osent les pousser.
Il faut toujours croire que tout nous est possible.

Pensée du 350ᵉ jour
15 décembre

Le bonheur envolé

Ne soyons pas de ceux qui attendent d'être dans la peine pour apprécier leur bonheur envolé.

Jouissons-en maintenant avec délectation et sans mesure.

Pensée du 351ᵉ jour
16 décembre

Maîtriser

En contrôlant ses pensées, on apprend à se maîtriser soi-même et, ainsi, à diriger sa destinée.

Pensée du 352e jour
17 décembre

Les cadeaux de la vie

Rester ouvert et disponible à l'amour, à la joie, à la créativité et à toutes les opportunités de l'existence.

La vie est plus généreuse que nous ne le pensons.

C'est souvent nous qui ne savons pas voir et saisir les opportunités placées sur notre chemin.

Un peu comme des cadeaux qu'on aurait laissés dans leur emballage.

Pensée du 353ᵉ jour
18 décembre

Le présent est notre seule urgence

Et si l'on cessait de faire des plans sur la comète, des projets à long terme, d'imaginer pour demain des utopies fantastiques...

Et si l'urgence était plutôt de savoir si l'on est capable de rapporter un bouquet de fleurs à la maison, de mettre des bougies sur la table pour le dîner, de prendre tendrement dans ses bras la personne que l'on aime...

Pour enjoliver le quotidien et fabriquer maintenant un vrai moment de bonheur ?

Pensée du 354e jour
19 décembre

Devoir...

Se souvenir que le bonheur n'est pas une excep-
tion, mais un droit et un devoir.
C'est être heureux qui est normal,
et ne pas l'être qui est anormal.

Pensée du 355ᵉ jour
20 décembre

Si l'on devait mourir demain...

Cessons de nous plaindre pour un oui, pour un non : le mauvais temps, les embouteillages, les contrariétés quotidiennes...

Si l'on devait mourir demain, même la pluie qui tombe et le ciel gris nous apparaîtraient comme un sublime spectacle.

PENSÉES
POUR L'HIVER

Conte de l'hiver

Qui sème la colère

Dans le Japon ancien, une belle jeune fille prénommée Anshi épousa un humble fonctionnaire. Ce dernier vivait avec sa mère, une vieille femme revêche et désagréable qui accueillit de mauvais gré cette intruse, devenue désormais sa belle-fille. L'odieuse belle-mère se mit à accabler Anshi de tâches ingrates : cuisine, lavage, balayage. La malheureuse trimait sans répit toute la journée, ne recevant pour seul remerciement que des paroles blessantes et humiliantes.

Chaque jour, la cruelle belle-mère renouvelait ses critiques, avec une perpétuelle mauvaise foi et une humeur exécrable. Anshi subissait en silence, car la tradition de l'époque interdisait le manque de respect à l'égard des beaux-parents.

Pourtant, la jeune femme faisait tout pour tenter d'amadouer la marâtre et établir avec elle des rapports paisibles. Elle lui rendait service, s'efforçait d'être à son écoute, rien n'y faisait. La mère de son mari se plaisait à entretenir perpétuellement un climat de tension et de stress.

Un jour, alors que la malheureuse Anshi préparait

le riz dans la cheminée de la cuisine familiale, elle subit, une nouvelle fois, les critiques injustifiées de sa belle-mère. Cette dernière se mit en colère car elle trouvait le feu trop fort et redoutait que le riz ne soit trop cuit. De guerre lasse, Anshi retira un morceau de bois enflammé de l'âtre et, parce qu'elle était à bout de patience, le jeta par la fenêtre.

Par manque de chance, la branche incandescente tomba sur un mouton qui passait par là et mit le feu à sa toison. Affolé, l'animal s'enfuit et se jeta sur une meule de paille qui aussitôt s'enflamma. Comme le vent était fort ce jour-là, le feu gagna les étables et les écuries. Les chevaux et les vaches s'échappèrent, et, dans l'affolement, détruisirent la maison d'un voisin. Celui-ci, furieux, vint demander réparation et chercher querelle à la famille. De proche en proche, l'agitation puis les combats s'étendirent de village en village, de province en province, et la guerre ravagea le pays.

Ainsi, on voit ce que peut engendrer la méchanceté d'une seule personne. Les actions négatives produisent des effets négatifs. Jamais on ne récolte la paix lorsqu'on sème la guerre et la discorde.

Chaque jour, nous devons œuvrer pour l'harmonie et le bonheur. Il ne faut jamais oublier que « le froissement d'aile d'un papillon peut changer le cours des étoiles » (parole zen).

Pensée du 356e jour
21 décembre

Possibilités...

En ce premier jour de l'hiver, se souvenir que nous pouvons encore modifier nos choix et vivre des expériences nouvelles.

L'avenir sera ce que nous en faisons aujourd'hui.

Pensée du 357ᵉ jour
22 décembre

Espoir encore...

Car le printemps vient toujours après l'hiver...

Pensée du 358ᵉ jour
23 décembre

La sagesse des enfants

Écoutons davantage les enfants.
Ils ont tant à nous apprendre.
Leur vision du monde est pure, logique, simple.
Ils sont sans préjugés.
Leurs questions nous renvoient à l'absurdité de la vie et mettent en lumière la complexité du monde.
Leurs minuscules expériences ne doivent pas être négligées mais être perçues comme de nouvelles perspectives...
Après tout, c'est à eux qu'appartient l'avenir.

Pensée du 359e jour
24 décembre

Cadeaux...

En confectionnant les paquets cadeaux, imaginer que l'on glisse dans chaque présent un peu de bonheur et d'amour.

Pourquoi ne pas le concrétiser en glissant dans chaque paquet un petit cœur en papier, par exemple ?

Pensée du 360e jour
25 décembre

Aimer la vie

En ce jour de fête et de retrouvailles, si l'on décidait d'aimer la vie comme on ne l'a jamais aimée ?

Faire ainsi le présent de sa bonne humeur et de son optimisme.

La sensation de bonheur et d'harmonie qui en découle ferait presque oublier les frimas et la grisaille.

Joyeux Noël...

Pensée du 361ᵉ jour
26 décembre

S'affirmer

Prenons garde à toutes ces petites choses insigni-
fiantes qui nous grignotent l'âme.
Les vexations au bureau,
l'accumulation de tracas,
le manque d'estime de soi.
En cette fin d'année, décidons de partir à la recon-
quête de nous-même.
Affirmer ce que l'on est,
et ne laisser personne prendre le pouvoir sur notre
vie.
Notre bonheur ne dépend que de nous.

Pensée du 362ᵉ jour
27 décembre

La magie du sourire

Le sourire change notre apparence, notre visage, notre regard et notre attitude envers la vie.

Il nous rend beau, attirant, et donne aux autres l'envie de nous connaître.

Pensée du 363ᵉ jour
28 décembre

Voix intérieure

Il faut écouter sa petite voix intérieure.

Celle qui contre vents et marées nous souffle si nous sommes dans la bonne direction ou non.

Parfois contre l'avis des autres.

Nous seul savons ce qui est bon pour nous.

Pensée du 364e jour
29 décembre

Lutter contre la morosité

Les personnes angoissées, déprimées, pessimistes, rancunières, mauvais esprit, jamais contentes... mettent consciemment ou non un écran voilé entre elles et la réalité.

En cette fin d'année, faisons le vœu de résister à la morosité ambiante.

Pensée du 365e jour
30 décembre

Accepter l'imperfection

Atteindre la perfection est un leurre.

C'est une guerre perdue d'avance que l'on se déclare à soi-même.

Apprendre à se faire confiance, accepter que tout ne soit pas parfait et se détendre...

On respire déjà mieux, n'est-ce pas ?

Le bonheur va pouvoir enfin s'immiscer et occuper sa place...

Pensée du 366e jour
31 décembre

Bonheurs de demain

En ce dernier jour de l'année,
penser simplement au bonheur.
Faire silence.
Se sourire à soi-même
Aux autres, aussi.
Le bonheur est partout.
Vous sentez sa présence ?
Nous l'avons trop souvent ignoré durant les mois
qui se sont écoulés.
En tirer la leçon...
Alors, à l'aube de l'année nouvelle,
formuler le simple vœu,
par chacun de nos actes,
chacune de nos pensées,
d'aller encore et toujours
à sa rencontre.
Le meilleur est à venir.

Du même auteur :

Des femmes d'influence, Hachette Carrère, 1991.
La Fête des maires, Lattès, 1993.
La Présidente, Éditions 1, 1997.
Le Livre de la sérénité, Éditions 1, 1999.
Petite philosophie du matin, Éditions 1, 2001.
Petite philosophie du soir, Éditions 1, 2002.
Si je pouvais revivre ma vie, First Éditions, 2005.
Petite philosophie pour ceux qui veulent atteindre le sommet de la montagne, Éditions 1, 2006.
Impostures sur papier glacé, Éditions 1, 2007.
Petite philosophie pour surmonter les crises, Éditions 1, 2009.

Composition réalisée par NORD COMPO

Achevé d'imprimer en septembre 2010 en Espagne par
LITOGRAFIA ROSÉS S.A.
08850 Gavá
Dépôt légal 1re publication : octobre 2010
LIBRAIRIE GÉNÉRALE FRANÇAISE – 31, rue de Fleurus – 75278 Paris Cedex 06